उजली नगरी चतुर राजा

[नाटक]

उजली नगरी चतुर राजा

मन्नू भंडारी

राधाकृष्ण प्रकाशन

ISBN : 978-81-8361-633-1

उजली नगरी चतुर राजा

पहला संस्करण : 2013
दूसरा संस्करण : 2023

मूल्य : ₹495

प्रकाशक
राधाकृष्ण प्रकाशन प्राइवेट लिमिटेड
जी-17, जगतपुरी, दिल्ली-110 051
शाखाएँ : अशोक राजपथ, साइंस कॉलेज के सामने, पटना-800 006
पहली मंजिल, दरबारी बिल्डिंग, महात्मा गांधी मार्ग, प्रयागराज-211 001
1, अनमोल सोराबजी संतुक लेन, धोबी तलाव, मरीन लाइंस, मुम्बई-400 002
वेबसाइट : www.radhakrishnaprakashan.com
ई-मेल : info@radhakrishnaprakashan.com

मुद्रक
बी.के. ऑफसेट
नवीन शाहदरा, दिल्ली-110 032

UJALI NAGARI CHATUR RAJA
Play by Mannu Bhandari

जन–आक्रोश के निरन्तर
बहने वाले सैलाब
के नाम

नेपथ्य से

लगता है आज हम एक ऐसे अँधेरे समय में निरुपाय होकर जी रहे हैं, जहाँ कोई उम्मीद बाकी नहीं रह गई है। अपने सामने बहुत कुछ गलत होता हुआ देख रहे हैं, उसे पहचान रहे हैं, खून का एक उबाल भी महसूस कर रहे हैं लेकिन कर कुछ नहीं पा रहे। आज से करीब तीस साल पहले भी शायद कोई ऐसा ही उबाल मैंने महसूस किया होगा और मेरा वह आक्रोश 'महाभोज' के रूप में फूट निकला था। उस समय मैं अपनी मान्यताओं और आग्रहों में अधिक दृढ़ थी। विद्रोह की निरन्तरता में तब मेरा अटूट विश्वास था, जो आज तक बरकरार है...विद्रोह को आप दबा सकते हैं पर कुचल तो सकते ही नहीं। आप एक जगह दबाएँगे तो वह दूसरी जगह से फूट निकलेगा दूसरी जगह दबाएँगे तो कहीं और से फूट पड़ेगा। अपनी इस मान्यता के चलते ही शायद 'महाभोज' में इसके अनुकूल ही कुछ पात्र भी मेरे सामने उभरते चले गए थे।

अत्याचार और अनाचार के विरुद्ध जब बीसू ने सिर उठाया तो उसे मरवा दिया गया...उसके छोड़े सिरे को जब बिन्दा ने उठाया तो जेल की सींखचों के पीछे डाल उसे रुई की तरह धुना जाने लगा...बिन्दा की आवाज को एस.पी. सक्सेना ने आगे बढ़ाया तो उसे सस्पेंड कर दिया गया। सारे विद्रोही स्वरों को कुचलने की भरपूर कोशिश की गई पर वह रुका नहीं...आज भी चल ही रहा है, पर परिणाम? 'महाभोज' से लेकर आज तक स्थितियाँ बद से

बदतर ही तो होती चली गईं। लोगों की रग-रग में समाया भ्रष्टाचार...हर दिन उजागर होते घपले-दर-घपले...महँगाई की मार से निचुड़ता आम आदमी! तो क्या व्यक्तिगत स्तर पर चलनेवाला यह विद्रोह केवल विद्रोही को ही कुचलता-मसलता है...बाहर कुछ भी बदलने में असमर्थ है? इस स्थिति से मन खिन्न तो हो आया पर शायद असलियत यही थी!

तभी एक दिन रामलीला मैदान में अन्ना हजारे भ्रष्टाचार पर लगाम लगाने के लिए जनलोकपाल विधेयक की माँग को लेकर भूख हड़ताल पर बैठे तो उनकी प्रेरणा से जिस तरह शहर-दर-शहर से हर वर्ग के लोग उनके साथ जुड़ते चले गए वह सारा दृश्य चकित कर देनेवाला था। पहली बार ऐसा सामूहिक-विद्रोह देखने को मिला, जिसने एक बार तो सत्ता और सरकार को भी हिला ही दिया!

उसके कुछ ही दिनों बाद 16 दिसम्बर को निर्भया के साथ हुए उस बर्बर और जघन्य अपराध के विरोध में बिना किसी की प्रेरणा और प्रोत्साहन के स्वत:स्फूर्त जो भीड़ इंडिया गेट के खुले मैदानों में जमा हुई और स्वेच्छा से जो रोज बढ़ती ही जा रही थी उसने तो हैरान ही कर दिया। 'स्त्रियों की सुरक्षा के लिए सरकार कुछ कड़े कानून बनाए'—यही वाजिब माँग तो थी उनकी...पर उनकी इस माँग पर ध्यान देने की बजाय भीड़ को तितर-बितर करने के लिए बर्बर पुलिस दिल्ली की हाड़ जमा देनेवाली उस कड़क सर्दी में दिन-रात उस भीड़ पर ठंडे पानी की बौछार करती रही पर अपने लक्ष्य पर अडिग वह भीड़ टस से मस नहीं हुई। जनता पुलिस की इस बर्बरता पर आँसू बहा रही थी तो अखबार भीड़ की इस हिम्मत, उसके हौसले पर प्रशंसा में पन्ने के पन्ने रँगने लगे। टीवी चैनल्स भी पूरी तरह उस भीड़ के साथ जुड़कर लगातार उसे दिखाए जा रहे थे। भीड़ की उस दृढ़ता और जनता और मीडिया के ऐसे जुड़ाव के कारण अन्तत: सरकार कुछ कड़े कानून बनाने को विवश भी हुई। उस दिन पहली बार सामूहिक

विद्रोह की इस सफलता ने मेरे मन में उम्मीद की एक किरण तो जरूर जगाई पर देखते ही देखते हुआ क्या?

स्थितियाँ तो अविश्वसनीय ढंग से बदतर होती चली गईं। क्या हो गया है हमारे यहाँ के लोगों को? तब से रोज ही तो चार-छह बलात्कार की घटनाएँ सुनने-पढ़ने को मिल जाती हैं। कानून अपनी जगह और कुकृत्य अपनी जगह। कौन डरेगा ऐसे कानून से जो ऐसे ढीले-ढाले ढंग से लागू किया जाता हो। उसी तरह क्या हुआ उस जनलोकपाल बिल का? अब जब सारा सरकारी तंत्र ही भ्रष्टाचार में लिप्त हो तो प्रजा का क्या हो? जस राजा तस प्रजा!

ऐसा नहीं कि इन स्थितियों के विरुद्ध आवाज नहीं उठती। समय-समय पर व्यक्तिगत-स्तर पर भी आवाज उठती तो रही है, पर दबा दी गई। उँगलियों पर गिने जानेवाले ईमानदार ब्यूरोक्रेट्स... जब-जब उन्होंने अपने विभाग की बेईमानियों पर उँगली रखने की कोशिश की तो या तो तबादलों की भटकन या फिर सस्पेंशन की जलालत झेलने को उन्हें मजबूर होना पड़ा। तो क्या आज बाहर की स्थितियाँ इतनी विकृत, इतनी जटिल हो गई हैं कि न तो व्यक्तिगत-स्तर पर...न ही सामूहिक स्तर पर किया हुआ विद्रोह उन्हें बदलने में या सुधारने में तनिक भी समर्थ नहीं रह गया है।

तब प्रश्न उठा कि ऐसे में लेखक का दायित्व भी कुछ है या नहीं? यदि संभव हो तो क्यों नहीं कलम उठाकर वह इन सारी स्थितियों पर व्यंग्य करे या प्रहार ही करे। और तभी इस नाटक की शुरुआत हुई। नाटक के सिलसिले में इन सारी बातों को कुछ समय के लिए परे सरका कर मैंने अपने देश के चारों ओर नजर डाली। कहने को दुनिया का सबसे बड़ा लोकतंत्र पर प्रान्त-दर-प्रान्त जिस बेहयाई से राजतंत्र का...नहीं-नहीं, बल्कि परिवार-तंत्र का प्रपंच फैला हुआ है, जिसे देखकर न अब आश्चर्य होता है, न क्रोध ही आता है। जिस प्रान्त में किसी एक को गद्दी सँभालने को मिली तो देखते ही देखते फिर तो परिवार के सदस्य-दर-सदस्य सत्ता के विभिन्न पदों पर बिराजेंगे ही। परिवारवाद

का एक दिलचस्प किस्सा याद आया—उसका उल्लेख जरूर करूँगी। किसी घोटाले में लिप्त एक राजा जेल में डाल दिया गया तो उसने राजनीति के ककहरे से भी शून्य, रात-दिन रसोई में बैठकर खाना बनाने वाली अपनी पत्नी को रसोई से निकालकर गद्दी पर बिठा दिया। न कोई संकोच, न दुविधा...न कोई शर्म, न हया। पत्नी के गद्दी पर बैठते ही स्थिति यह बनी कि पति के लिए जेल आरामगाह में तब्दील हो गया और वह जेल से ही रिमोट द्वारा राज-काज चलाने लगा। दुनिया के इतिहास में ऐसा खेल कहीं देखा आपने? अब इस पर सिवाय हँसने के और क्या प्रतिक्रिया हो सकती है? पहला प्रश्न उठा कि पृष्ठभूमि में जब ऐसा माहौल हो तो नाटक को लिखा किस शैली में जाए? तभी अचानक 'अंधेर नगरी चौपट राजा' का खयाल आया। जहाँ तक मेरा खयाल है करीब सवा-सौ साल पहले लिखा गया था यह नाटक। उस समय की स्थितियाँ बिलकुल दूसरी थीं पर मुझे तो आज की स्थितियों में लिखना था इसे सो उलट-फेर तो बहुत करने ही पड़े...किये। पर लिखने के लिए मैंने अपनी जो एक शैली अपनाई...उसे लेकर मैं खुद बहुत आश्वस्त नहीं थी। इस शैली में पहले कभी कुछ लिखा भी तो नहीं था, सो करीब आधा लिखने के बाद ही मैंने श्रीमती त्रिपुरारी शर्मा को बुलाकर सुनाया। पूछा कि बिना किसी संकोच के साफ-साफ बताओ कि कुछ बन भी रहा है या उठाकर फाड़ फेंकूँ। संयोग से त्रिपुरारी ने जो प्रशंसा की उसने मेरा हौसला ही नहीं बढ़ाया बल्कि फिर तो मैं इसे पूरा करके ही उठी! अलग ढंग से नाटक लिखने की हिम्मत तो मैंने जुटाई पर उसमें कहाँ तक सफल हो सकी हूँ इसका फैसला तो अब निर्देशक और दर्शक ही करेंगे!

—मन्नू भंडारी

उजली नगरी चतुर राजा

अनुक्रम

पात्र परिचय

सूत्रधार
कथा सुनन्तू-1
कथा सुनन्तू-2
कथा सुनन्तू-3
स्वामीजी
राजा
बड़े कुँवर
छोटे कुँवर
खजांची
बड़ा मंत्री
छोटा मंत्री
नगर मंत्री
मालिक
मंत्री
सन्तरी
फरियादी
खोजी
हिम्मती
कोतवाल
कुछ अन्य

दृश्य-1

(सूत्रधार का प्रवेश)

सूत्रधार

सुनो, सुनो, सुनो भाइयो...एक खुशखबरी लेकर आया हूँ। कथा कहन्तू स्वामीजी के आगमन की सूचना देने आया हूँ। कथा कहन्तू स्वामीजी अपनी नई कथा के साथ पधार रहे हैं और कथा सुनन्तू भीड़ जुटाने का भार हमेशा की तरह मेरे कन्धों पर, सो मैं आपको न्योतने आया हूँ। आइए, आइए जल्दी आइए और अपनी जगह सुरक्षित कर लीजिए। जो आगे बैठेगा, वही कथा का असली आनन्द लेगा। आइए...जल्दी आइए...

(एक विंग से लोग निकल-निकल कर आ रहे हैं।)

कथा सुनन्तू-1

क्या कथा–कहन्तू स्वामीजी आ रहे हैं? वाह! तब तो मजा आ जाएगा।

कथा सुनन्तू-2

पहले क्या कथा सुनाई थी...'अंधेर नगरी चौपट राजा' टके सेर भाजी...टके सेर खाजा। आनन्द आ गया था।

(आनन्द से सिर हिलाता है।)

कथा सुनन्तू-3

क्या इस बार किसी दूसरी अंधेर नगरी की कथा कहेंगे?

(कथा कहन्तू स्वामीजी का प्रवेश। गेरुए कपड़े पहने, माथे पर टीका)

सूत्रधार

पा लागी स्वामीजी! *(भीड़ से)* लो, स्वामीजी ही पधार गए, अब जो कुछ पूछना हो, इन्हीं से पूछ लो।

(भीड़ भी खड़ी हो जाती है, प्रणाम करती है। स्वामीजी हाथ उठाकर आशीर्वाद देते हैं।)

कथा सुनन्तू-3

स्वामीजी, क्या इस बार भी आप किसी अंधेर नगरी की कथा ही सुनाएँगे?

स्वामीजी

नहीं, नहीं। बार-बार कोई एक ही कथा दोहराता है क्या? हर बार नई कथा, नया आनन्द।

कथा सुनन्तू-2

तब क्या सुनाएँगे स्वामीजी?

स्वामीजी

इस बार हम अंधेर नगरी की नहीं, बल्कि उजली नगरी की कथा सुनाएँगे। नगरी ऐसी कि सब तरफ से झरे उजास। दाएँ-बाएँ, ऊपर...*(चुप हो जाते हैं।)*

कथा सुनन्तू-1

और नीचे स्वामीजी?

स्वामीजी

...नीचे की बात भी कोई करता है भला? तुम नीचे झाँकोगे तो नगरी मुँह छिपाती फिरेगी और तुम घिन के मारे छी: छी:, हाय-हाय करते फिरोगे।

कथा सुनन्तू-2

तो छोड़िए महाराज नीचे की बात...आप ऊपर की बात ही सुनाइए।

कथा सुनन्तू

यहाँ का राजा भी चौपट ही था?

स्वामीजी

नहीं, नहीं, चौपट नहीं, यहाँ का राजा तो चतुर था...बड़ा ही चतुर। इसीलिए तो हमने अपनी कथा का नाम रखा है–'उजली नगरी–चतुर राजा।'

(सुनन्तू भीड़ कथा का नाम दोहराती है और प्रसन्न होती है।)

कथा सुनन्तू

पर चीजें तो यहाँ भी सब टके सेर ही मिलती होंगी न?

स्वामीजी

नहीं रे, जब ऊँची नगरी, ऊँचा राजा तो मिले। सौ रुपए सेर भाजी...हजार रुपए सेर खाजा।

सुनन्तू

(आश्चर्य से) क्याऽऽऽऽ! इत्ता महँगा? तब तो अन्टी खाली होती होगी।

स्वामीजी

सो तो होगी ही!

कथा सुनन्तू

फिर भरेगी कैसे?

स्वामीजी

सो चतुर राजा ही बताएगा। अन्टी भरने के उसके पास लाख तरीके, लाख जतन

कथा सुनन्तू

तो क्या हमारी अन्टी भी भर जाएगी?

कथा सुनन्तू

जो चतुर, उसकी तो भर ही जाएगी। अब पूछा-पाछी बन्द करो और देखो कथा लगाके मन! *(स्वामीजी के आदेशानुसार कथा देखने के लिए सब पीछे सरक जाते हैं और मंच के लिए जगह बना देते हैं।)*

अन्धकार

(सूत्रधार का प्रवेश! भीड़ और स्वामीजी पर अन्धकार, केवल सूत्रधार प्रकाश के घेरे में)

सूत्रधार

तो आज आप उजली नगरी–चतुर राजा नाम की एक नई कथा देखने जा रहे हैं। पर इस कथा को देखने से पहले मैं बता दूँ आपको इसका इक राज।

राजा तो है नाम पुराना, उसका देखो ढंग पुराना।
पर रहे जहाँ वो...नया जमाना।।

भीड़

राजा तो है नाम पुराना, उसका देखो ढंग पुराना।
पर रहे जहाँ वो...नया जमाना–

सूत्रधार

कहने को चाहे वो राजा कहलाता।
पर बिन चुनाव जीते, गद्‌दी पर वह बैठ न पाता।।

(कुछ विराम के बाद)

तो बताओ इस नगरी का भी सबसे बड़ा खेल क्या ठहरा?

(पीछे से कई आवाजें एक साथ आती हैं...'चुनाव'।)

ठीक समझा आपने...बिल्कुल ठीक। अब जरा चुनाव को भी समझ लीजिए...

ई चुनाव का चक्कर, अजीबो घनचक्कर।
उठक–बैठक करे खिलाड़ी
हम बनिहें राजा, हम बनिहें राजा

सबके मुँह से बजे बस एक ही बाजा
देखो भाई देखो, आप भी आनन्द लो इस चुनाव का।

(प्रस्थान)

(एक विंग से हाथ में बैनर लिए आठ-दस लोग प्रवेश करते हैं। बैनर पर उल्लू की बड़ी-सी तस्वीर बनी है।)

भीड़

उल्लू को वोट दीजिए...अपना बहुमूल्य वोट उल्लू को ही दीजिए।

(भीड़ एक साथ गाए या टुकड़ों-टुकड़ों में)

इत्ती बड़ी नगरी हमरी इत्ते सारे लोग
केवल दिन में जागकर क्या कोई दूर करि सके इन सबके दुख-रोग?

कोई एक

नहीं-नहीं, यह तो सम्भव ही नहीं।

तीन-चार एक साथ

इसीलिए हम प्रजा का हाल जानने के लिए
उनके दुख उनकी समस्याएँ समझने के लिए
दिन-दिन भर घूमते हैं और फिर उन सबको दूर करने के लिए रात-रात भर बैठकर योजनाएँ बनाते हैं।
क्योंकि

प्रजा हमारी प्यारी, उसके सब दुख दूर करें
बस, जिम्मेदारी यही हमारी।

(सब एक साथ)

पहली जिम्मेदारी सबसे बड़ी जिम्मेदारी, एकमात्र जिम्मेदारी।

गरीबों का दुख हमारा दुख, इसीलिए तो करनी पड़ती है चुनाव की ये मारा-मारी।

हम जीते तो सबसे पहले गरीबों का दुख दूर करेंगे क्योंकि

हमारा मन तो शुरू से गरीबों में ही बसता
सो ठान लिया हमने इस बार
अमीर-गरीब का भेद मिटाकर लानी होगी समरसता।

आप हमको वोट दो और बदले में सबके *('सबके' खींच कर बोला जाए)* लिए एक सुखी, सम्पन्न और सुरक्षित जिन्दगी लो।

वोट दो भाई, वोट दो...उल्लू को वोट दो।

(प्रस्थान)

(दूसरे विंग से दूसरा झुंड आता है। उसके हाथ के बैनर पर एक बन्दर बना है।)

भीड़

बन्दर को अपना वोट दीजिए...अपना बहुमूल्य वोट बन्दर को ही दीजिए।

एक

इत्ती बड़ी नगरी हमारी...इत्ते सारे लोग।
केवल चल-चल कर क्या कोई, दूर करि सकै
इन सब लोगन के दुख रोग?

सब

नहीं, नहीं यह तो सम्भव ही नहीं।
इसीलिए...
    हम तो उछल-कूद कर जाते,
    एक-एक से मिलकर आते
    फिर उनके दुखों की, तकलीफों की
    एक लम्बी लिस्ट बनाते
    फिर जी-जान लगाकर करते उनको हल
    कभी न किया अपने लोगों से हमने,
    किसी तरह का छल।
    हमको वोट दिया तो देखना फिर इस नगरी में...
    न कोई रहेगा भूखा...न ही रहेगा नंगा
    सबके घर में सदा बहेगी सुख-सम्पत्ति की गंगा
    इसीलिए कहते हैं कि हमको वोट दो और सब दुखों से मुक्त होओ।

(प्रस्थान)

(तीसरा झुंड आता है, उसके हाथ के बैनर पर चूहा बना हुआ है।)

भीड़

चूहे को वोट दो...अपना बहुमूल्य वोट चूहे को ही दीजिए।

एक

दिखने में चाहे छोटा हूँ...पर हूँ बड़ा करामाती।
    मेरे आगे तो इन सबकी, गरदन ही झुक जाती।।

सब

इत्ती बड़ी नगरी हमरी, इत्ते सारे लोग
सभी फँसे हैं जाल में, कित्ते इनके दुख, कित्ते इनके रोग

एक

नहीं जानते ये सब मूरख, इक छोटी–सी बात
रात जागकर, उछल–कूद कर नहीं कट सकते इनके दुख, रोगों के ये जाल
इनको तो बस काट सके, हमरे पैने दाँत!
इसीलिए कहता हूँ
हमको वोट दो–हमको वोट दो। हमें वोट दिया तो जान लो सबके
दुख, रोगों का जाल कुतर कर,
बरसा देंगे खुशहाली।
सुख बरसे...सेहत बरसे.. बरसे पैसा अपरम्पार
हम आए सत्ता में तो समझो हो गया सबका बेड़ा पार।
वोट दो भाई वोट...चूहे को वोट दो।

(प्रस्थान)

सूत्रधार का प्रवेश

चुनाव क्या हुए, बड़ी उठा–पटक हुई, रेलमपेल हुई। जिधर भी देखो भाषण ही भाषण। सबने अपने को सराहा, दूसरे को कोसा। जनता सबकी प्यारी, इत्ती प्यारी, सबसे प्यारी...

जनता के प्यार का ये नजारा, बस इन्हीं दिनों रहता है सब पर तारी। बाद में तो...*(कुछ विराम के बाद)*

रुकियो...रुकिए...गिनती पूरी हुई...परिणाम भी घोषित होने ही वाले हैं। *(कुछ विराम के बाद)* लो परिणाम भी आ गए, सुन लीजिए। उल्लू पार्टी जीत गई...उसने जमकर जश्न मनाया और बन्दर चूहा पार्टी के घर में गहरा मातम छाया!

(प्रस्थान)

(बैकग्राउंड से जीत का जश्न–ढोल, नगाड़े, पटाखे, आतिशबाजी...नारे)

(दृश्य समाप्त)

दृश्य–2

(रोशनी हल्की कर दी जाए। उल्लू पार्टी की रात की सभा। राजा, बड़े कुँवर, छोटे कुँवर, खजांची, तीन–चार मंत्री और बैठे हैं।)

राजा

जीत तो गए, जश्न भी मन गया...पर यह मत भूलो कि जीत के साथ जिम्मेदारियाँ भी बहुत बढ़ गई हैं हमारी। अब तो बस, उसी की बात की जाए।

बड़े कुँवर

ठीक फरमाया महाराज आपने, बिल्कुल ठीक फरमाया। आप बस, हुक्म तो करें।

छोटे कुँवर

हुक्म पालन के लिए हम सब हैं तैयार।

सब

आप रास्ता सुझाएँगे, बस चल पड़ेंगे हम।

आप मंजिल जो बताएँगे, वहाँ पहुँच कर ही लेंगे हम दम।

राजा

मंजिल तो बस एक ही है अपनी। नगरी का इतना बढ़ाओ उजास कि अपनी जिन्दगियाँ तो करें ही जगर-मगर...जगर-मगर, आने वाली कई पीढ़ियों का भी मिट जाए अन्धकार।

सब

ऐसा ही होगा...ऐसा ही होगा।

राजा

(दोनों हाथों से सबको शान्त करते हुए) बस, बस शान्त हो जाइए।

रास्ते, मंजिल की बातें तो बहुत हो गई, अब चलने की बात की जाए। कदम-दर-कदम। सबसे पहले राज की जिम्मेदारियाँ बाँटी जाएँ।

कोई एक

सो तो आप बाँटेंगे महाराज।

राजा

हम क्यों? आप सब मिलकर बाँटेंगे। कहने को भले ही हम राजा, पर राज तो आप सबका!

कोई एक

यह तो आपका बड़प्पन है महाराज।

राजा

बड़ा मंत्री कौन बनेगा?

कोई एक

सो तो बड़े कुँवर ही बनेंगे महाराज।

राजा

सबकी राय?

दो-तीन

असहमति का तो सवाल ही नहीं।

राजा

और छोटा मंत्री?

कोई एक

सो तो छोटे कुँवर।

राजा

नगर मंत्री?

एक

वह काम तो आपका भतीजा ही कर सकता है, उससे होशियार और कौन?

राजा

हाँ, इसके लिए चाहिए तो होशियार आदमी ही। नगर की देखभाल और उससे भी ज्यादा जरूरी नगर की

पल-पल की सूचना हमें बराबर मिलती रहनी चाहिए। ठीक है *(नगर मंत्री की ओर देखते हुए)* तो यह जिम्मेदारी रही तुम्हारी।

(नगर मंत्री सिर झुका कर स्वीकार करता है।)

राजा

खजांची?

एक

यह तो आपके भाई ही करते आए हैं, वही करेंगे।

राजा

सारी खास-खास जिम्मेदारियाँ तो आप लोगों ने हमारे परिवार पर ही डाल दीं।

एक

जो लायक वही तो लेगा जिम्मेदारियाँ।

राजा

अब जब डाल ही दीं तो लेनी भी पड़ेंगी और निभानी भी पड़ेंगी। तुम सबकी इच्छा का मान रखना तो फर्ज है हमारा। तुम हो तो हम हैं। चलो अब काम शुरू।
(खजांची अपना बही-खाता खोलकर सामने सरकाता है।)

खजांची

भइया।

राजा

(हाथ से बरजते हुए) घर में हैं ये रिश्ते-नाते।
यहाँ करो बस राज की बातें।

खजांची

गलती हुई, माफी मिले सरकार। अर्ज किया महाराज कि जीत तो गए पर खजाना तो सारा खाली हो गया। खल्लास।

राजा

(आश्चर्य से) खल्लास। हिसाब बताओ।

खजांची

सो बड़े मंत्री बताएँगे। ये ही तो कर रहे थे चुनाव का सारा काम।

राजा

(बड़े मंत्री की ओर देखकर) बताओ।

बड़ा मंत्री

बिना खर्चे के भी कोई चुनाव जीता जा सकता है क्या महाराज! खर्च तो करना ही पड़ता है, हमने भी किया।

राजा

किस-किस में?

बड़ा मंत्री

चुनाव की भूमिका तैयार करने के लिए दस महीने पहले गरीबों की आठ सौ झोंपड़ियों को पक्का करवा कर मकान नहीं बनवाए उनके लिए। हिसाब खजांची को दे दिया था। *(खजांची सिर हिलाता है।)*

राजा

(आश्चर्य से) आठ सौ मकान? यह तो बड़ा घाटे का सौदा रहा।

बड़ा मंत्री

कच्ची गोलियाँ नहीं खेली महाराज। मकान बना दिये...लोगों को वहाँ बसा भी दिया, पर लिखा-पढ़ी कुछ की ही नहीं। वो खुश कि मकानों में रह रहे हैं और हम खुश कि वोट भी झटक लिए और मकान तो हमारे के हमारे ही रहे। जब चाहें उन्हें निकाल बाहर करें।

राजा

होशियार हो।

बड़ा मंत्री

पिछले तीन महीनों में पाँच सौ गैस के चूल्हे बाँटे गरीबों में...कोई छह सौ हैंड-पम्प लगवाए गाँवों में। वोट तो गाँव वाले ही देते हैं, उन्हें खुश रखो तो वे ही जितवा भी देते हैं। चुनाव के चार दिन पहले चुपचाप घर-घर जाकर उनको नोटों के बंडल थमाए और उनके वोट अपनी झोली में डलवाए।

(सब प्रसन्न होते हैं।)

पर सबसे ज्यादा खर्च करना पड़ा *(चुप हो जाता है)*

राजा

किसमें? जरूर कोई दूर की कौड़ी उछाली होगी।

बड़ा मंत्री

सो तो उछाली महाराज...दो बन्दर और तीन चूहे फोड़ लिए। रहे अपने बैनर तले ही, पर काम किया हमारी पार्टी के लिए। ऐसा पुख्ता काम कि जीत हमारी पक्की कर दी। यह तो इनकी पार्टी के नेता बेवकूफ...जिनके पास इत्ते-इत्ते वोटों की ताकत, उन्हें टिकिट ही नहीं दिया। जैसे ही मुझे हवा लगी कि मैंने अपना जाल फैलाया। रकम तो इन्होंने तगड़ी झटकी।

राजा

अब दे देंगे कोई मंत्री-वंत्री का पद भी सबको।

खजांची

हो गया महाराज हिसाब? अब तो आप खजाना भरने की जुगत बिठाओ।

(सब सोचने की मुद्रा में)

छोटा मंत्री

सबसे पहले तो पुलिस की संख्या बढ़ाओ। ये हारे हुए चूहे-बन्दर हमारी जान के दुश्मन बने बैठे हैं। सो सबसे जरूरी है अपनी सुरक्षा। जान है तो जहान है।

खजांची

मैं खजाना भरने की बात कर रहा हूँ, आप खर्च बढ़ाने की।

छोटा मंत्री

पुलिस भर्ती में जितना खर्च बढ़ेगा उससे चार गुना आमदनी बढ़ेगी।
जब आमदनी बढ़ेगी तो खजाना भरेगा।

खजांची

सो कैसे?

छोटा मंत्री

यह मेरा काम। समझ लो जो कह दिया वो हो गया।

राजा

कितने पुलिस वाले चाहिए?

मंत्री

साठ–सत्तर लोग तो लेंगे ही।

राजा

कुछ ज्यादा लोग लो। थोड़े नए थाने भी खुलवाओ। हमारी प्यारी प्रजा भी देखे-जाने कि उसकी सुरक्षा के कैसे-कैसे इन्तजाम कर दिए हमने। बिल्कुल

चाक-चौबन्द। तो तुम्हारे जिम्मे रहा पुलिस भर्ती का काम।

छोटा मंत्री

आपकी आज्ञा शिरोधार्य महाराज!

राजा

(बड़े मंत्री से) ये बिजली-पानी के बारे में तुम्हारी क्या राय है?

बड़ा मंत्री

घाटे का सौदा...एक ही सिर दर्द।

राजा

तो इस घाटे के सिर दर्द से जल्दी छुट्टी पाओ।

बड़ा मंत्री

बिजली-पानी खरीदने के लिए तो बहुत सी कम्पनियाँ बेताब हैं।

राजा

बेचो ऐसे लोगों को जिससे पैसा खूब कमाओ। *(खजांची की ओर इशारा करके)* भरो इनका खजाना ये बहुत परेशान हैं।

बड़ा मंत्री

भरेगा-भरेगा पर कुछ समय तो देना पड़ेगा।

राजा

(बड़े मंत्री की ओर देखकर) यह काम तुम्हारे जिम्मे।

बड़ा मंत्री

जी महाराज, लग जाता हूँ कल से ही। पर महाराज बड़ी कम्पनियों के मालिक होंगे ये...इनसे बात आप करेंगे तो असर अच्छा पड़ेगा।

राजा

(स्वीकृति में सिर हिलाकर) देख लेंगे।
इन दो योजनाओं के साथ आज की बैठक यहीं समाप्त।
आगे की योजनाएँ अगली बैठक में।

(दृश्य समाप्त)

दृश्य-3

(राजा अपनी सिंहासननुमा कुर्सी पर बैठा है। अगल-बगल में दो रक्षक खड़े हैं। नगर मंत्री का प्रवेश।)

राजा

नगर की खबर?

नगर मंत्री

(कुछ ठंडे स्वर में) हाँऽऽऽ अभी तो ठीक ही है पर प्रजा बड़ी उम्मीदें लगाए बैठी है कि उनकी सुख-सुविधा के लिए आप न जाने क्या-क्या कर डालेंगे। चार महीने हो गए पर...

राजा

जो प्रजा हमें सत्ता में लाई, वो उम्मीद तो लगाएगी ही और हम बहुत कुछ करेंगे भी उसके लिए।

नगर मंत्री

पर कैसे महाराज? खजाना तो खाली।

राजा

उसे भरने के लिए ही तो कदम बढ़ाए हैं हमने, भरते हैं जल्दी ही तब तक तुम प्रजा के लोगों को धीरज बँधाओ और अपने खुफिया लोगों को रखो सब तरफ...हर पल, हर दिन की खबर हमें मिलती रहनी चाहिए।

नगर मंत्री

आज्ञा शिरोधार्य महाराज! *(प्रस्थान। दूसरी ओर से बड़े मंत्री का प्रवेश)*

बड़ा मंत्री

बिजली-कम्पनी का मालिक हाजिर है महाराज।

राजा

टटोला...इरादा क्या है?

बड़ा मंत्री

हमारे लिए तो बड़ा नेक है महाराज। उलटा लटका है बिजली खरीदने के लिए।

राजा

दाम बता दिए?

मंत्री

बता तो दिए पर...इन दामों के लिए राजी तो अब आप करना।

राजा

बुलाओ।
(बड़ा मंत्री दरवाजे पर खड़े सन्तरी को इशारा करता है और वो बिजली कम्पनी के मालिक को लेकर आता है। मालिक का दरवाजे से ही झुक कर सलाम करते हुए प्रवेश। राजा एक पल उसे देखता है फिर हाथ के इशारे से बैठने को कहता है। मालिक बैठता है।)

राजा

प्रजा ने हमें चुनाव जिताया तो प्रजा के प्रति हमारी जिम्मेदारियाँ भी बहुत बढ़ गईं। अपनी प्यारी प्रजा की खुशहाली के लिए कई नई योजनाएँ बनाई हैं हमने। अब उन पर काम भी शुरू करना है हमें।

मालिक

आप तो हैं ही प्रजापालक महाराज!

राजा

अब इन पर काम करेंगे तो पूरा समय ही नहीं मिलेगा हमारे लोगों को, बिजली का काम देखने के लिए।

मालिक

हाँ महाराज, इत्ते काम एक साथ देखना मुश्किल तो है।

राजा

अब चुनाव की व्यस्तता के कारण इस काम में थोड़ी ढील क्या हुई कि प्रजा परेशान हो गई...उजास झरना भी

कम हो गया। यही हाल रहा तो अंधेर नगरी नहीं हो जाएगी हमारी ये उजली नगरी। प्रजा को जितनी चिन्ता अपनी...उससे कहीं ज्यादा चिन्ता अपनी नगरी की और प्रजा की चिन्ता दूर करना हमारा पहला फर्ज। सो सोचा किसी और को सौंपें यह काम क्योंकि...'उजास तो झरते ही रहना चाहिए।'
नगरी को जगमग-जगमग तो करते ही रहना चाहिए।

मालिक

हाँ महाराज, इसीलिए तो इसका नाम उजली नगरी है।

राजा

(पैनी नजरों से देखते हुए) कर सकेंगे आप ये काम?

मालिक

क्यों नहीं, क्यों नहीं...आज से कहीं ज्यादा उजास झरेगा...आज से कहीं ज्यादा जगमग-जगमग करेगी ये नगरी।

राजा

इसीलिए तो बुलाया है आपको, पर ये बिजली व्यवस्था तो दुधारू गाय है हमारी...इसे देते छाती फटती है, पर क्या करें, अपने लाभ की बात देखें या प्रजा की सुख-सुविधा की! ले लीजिए हमारी ये दुधारू गाय! वैसे बड़े मंत्री ने बात कर ही ली होगी आपसे।

मालिक

(ठंडे स्वर में) पर महाराज पर...ये तो लूटने वाली बात हुई।

राजा

अरे लुट तो हम रहे हैं–पर अपनी प्रजा और नगरी की खातिर यही सही।

मालिक

बिजली बनाने वाली आपकी आधी मशीनें तो खराब पड़ी हैं महाराज।

राजा

तो ठीक कराओ।

मालिक

नगरी को जगमग-जगमग करने के लिए कितनी नई मशीनें भी लगानी पड़ेंगी।

राजा

तो लगाओ।

मालिक

बिजली चोरी रोकने के लिए कितना स्टाफ बढ़ाना होगा।

राजा

तो बढ़ाओ।

मालिक

महाराज, इतना सब करने में कितना पैसा खर्च होगा।

राजा

तो करो।

मालिक

पर फिर मैं कहाँ से दूँगा आपको इतना पैसा?

राजा

सो तो देना होगा।

मालिक

(दुखी स्वर में) पर कैसे महाराज?

राजा

यह तुम सोचो!

मालिक

(कुछ सोचते हुए) इसका तो एक ही उपाय है कि हम बिजली के दाम बढ़ाएँ।

राजा

तो बढ़ाओ।

मालिक

पर बढ़े दाम देखकर फिर प्रजा तो बहुत दुखी होगी।

राजा

सो तो होगी।

मालिक

अपनी प्राणों से प्यारी प्रजा का दुख देखकर आप हम पर नाराज होने लगे तो?

राजा

तुम बिजली बनाओगे—जनता बिजली खरीदेगी। बनाने वाला मालिक, खरीदने वाली हुई उसकी प्रजा। यह तो तुम्हारी प्रजा हुई—हम क्यों नाराज होंगे?

मालिक

(सोचते हुए राजा की बात दोहराता है) बिजली बनाने वाले हम मालिक और बिजली खरीदने वाली हुई हमारी प्रजा। *(प्रसन्न होकर)*

हाँ महाराज, ये बात तो मेरे दिमाग में आई ही नहीं।

राजा

दिमाग हो तो आए।

मालिक

पर हमारी प्रजा भी शोर तो खूब मचाएगी...नारे लगाएगी।

राजा

सो तो लगाएगी!

मालिक

तब?

राजा

लगाने दो, कित्ते दिन लगाएगी? दो दिन, चार दिन, फिर चुप हो जाएगी। बिजली तो सबको चाहिए सो मजबूरन देंगे बढ़े दाम भी।

मालिक

(दुखी होकर) बुराई भी खूब करेगी हमारी महाराज।

राजा

सो तो करेगी।

मालिक

फिर क्या करें?

राजा

प्रजा बड़े बिल झेलेगी...तुम बुराई झेल लेना।

मालिक

(लापरवाही से) ठीक है, झेल लेंगे महाराज, बुराई झेल लेने में कौन से पैसे लगते हैं? बिल बढ़ा कर पैसा तो खूब कमाएँगे।

राजा

जरूर कमाओगे।

मालिक

तो आपकी तरफ से बिल बढ़ाने की पूरी आजादी?

राजा

आपने जैसे ही हमारा पैसा दिया–हमने हरी झंडी दी। जो चाहे करो। दाम एक बार बढ़ाओ–चाहे बार–बार बढ़ाओ।

मालिक

(उछल कर) तो समझिए हो गया सौदा पक्का।
कल ही भेज देंगे हम, पूरी रकम का...रुक्का।

(प्रस्थान)

राजा

(बड़े मंत्री से) इसी तरह तुम अब किसी कम्पनी से पानी का सौदा कर लो और पैसा डालो खजाने में।

बड़ा मंत्री

आपने रास्ता बता दिया महाराज! चलना अब मेरा काम, पानी की व्यवस्था भी हो जाएगी अब तुरन्त किसी के नाम।

(दृश्य समाप्त)

दृश्य-4

(छोटे मंत्री आरामदायक कुर्सी पर बैठे हैं...एक कर्मचारी पास बैठा है। सन्तरी दरवाजे पर खड़ा है।)

मंत्री

आ गए लोग?

कर्मचारी

भीड़ लग गई है साहब।

मंत्री

तो बुलाना शुरू करो। *(कर्मचारी सन्तरी को इशारा करता है...सन्तरी एक आदमी को साथ लेकर आता है।)*

मंत्री

पुलिस में भर्ती होने आए हो?

आदमी

जी हुजूर और परीक्षा भी पास कर ली। खूब दौड़ लगवाई, उठक-बैठक करवाई, दंड पेले और सबमें

फिट। *(हाथ मोड़कर अपनी मछलियाँ दिखाते हुए बड़े गर्व से)* इस सेहत के साथ ही तो आया हूँ हुजूर पुलिस में भर्ती होने।

मंत्री

और दूसरी परीक्षा?

आदमी

कोई और परीक्षा भी होती है?

मंत्री

असली परीक्षा तो वही है।

आदमी

कौन-सी परीक्षा–*(बड़े आत्मविश्वास के साथ)* वह भी दे लूँगा हुजूर। साहस और हिम्मत की तो कोई कमी नहीं पाएँगे आप मुझमें।

मंत्री

कुछ खास नहीं, बस पाँच लाख रुपए जमा करने होंगे खजाने में।

आदमी

(आश्चर्य से) पाँच लाख? इत्ते रुपए होते तो इस मामूली-सी नौकरी के लिए आता ही क्यों महाराज?

मंत्री

इस नौकरी को मामूली समझते हो? तब तो तुम किसी लायक ही नहीं...चलते बनो *(हाथ से जाने का इशारा करता है)* दूसरे को बुलाओ।

(हताश-सा पहला आदमी लौट जाता है। दूसरे का प्रवेश)

मंत्री

भर्ती के लिए आए हो?

आदमी

जी हुजूर।

मंत्री

दूसरी परीक्षा की बात जान ली?

आदमी

(ठंडे स्वर से) जान ली हुजूर।

मंत्री

लेके आए हो?

आदमी

भर्ती पक्की हो तो लाऊँ हुजूर।

मंत्री

रुपए लाओगे तो भर्ती पक्की समझो। उस हाथ दो–इस हाथ लो।

आदमी

पर हुजूर, आठ-दस दिन की मोहलत तो दीजिए। पाँच लाख का जुगाड़ करना भारी काम है मुझ जैसे गरीब के लिए।

मंत्री

सात दिन दिए। उसके बाद रुपए हमारी जेब में, नौकरी तुम्हारी जेब में।

(आदमी फिर भी खड़ा है कुछ सोचते हुए)

मंत्री

खड़े क्यों हो, जाओ।

आदमी

एक बात पूछनी थी हुजूर।

मंत्री

पूछो।

आदमी

(हाथ जोड़कर) यही सोच रहा था हुजूर कि इस मामूली-सी तनख्वाह से पाँच लाख चुकाऊँगा कैसे?

मंत्री

अरे, तनख्वाह का तो पान खाकर थूक देता है पुलिस वाला। दूसरी कमाई ही तो उसकी असली कमाई, वह जितनी चाहे करो।

आदमी

(सोचते हुए) दूसरी कमाई हुजूर? पर कभी पकड़े गए तो?

मंत्री

अजब मूर्ख हो! पकड़ने का काम तो पुलिस का। पुलिस ही तो पकड़ती है चोर–उचक्कों को...बदमाश–बेईमानों को। पुलिस को भला कौन पकड़ सकता है?

पुलिस

पर कोई तो पकड़ सकता होगा हुजूर?

मंत्री

बस, हम पकड़ सकते हैं। पर हम क्यों पकड़ेंगे अपनी पुलिस को? राजा की, राज–परिवार की, मन्त्रियों–सन्तरियों की देखभाल करने के लिए ही तो रखा जाता है तुम्हें। बस, तुम तन–मन से करते जाओ हमारी सेवा।

फिर चलो तुम चाहे कैसी भी चाल।
कर न सकेगा कोई भी तुम्हारा बांका बाल।।

आदमी

(प्रसन्न होकर) लाता हूँ महाराज, जैसे भी हो जुगाड़ करके लाता हूँ।

(दौड़कर सन्तरी के पास जाता है और उछल–उछल कर गाता है)

जब राजा ही करे रक्षा हमारी
तो सब पर रौब जमाएँगे।
प्रजा से खींचा, जेब में डाला,
पैसा खूब कमाएँगे।।

(इधर यह गाता रहता है, उधर सन्तरी मंत्री के लिए लोगों को लाता रहता है। बिना संवाद के कुछ लोग भरती होने वाली दिशा में...कुछ लोग लौटा दिए जाने वाली दिशा में।)

(दृश्य समाप्त)

दृश्य-5

(पूरी रोशनी में)

(सिंहासननुमा कुर्सी पर राजा बैठा है। पीछे दो रक्षक खड़े हैं। साथ में एक-दो मंत्री बैठे हैं। दरवाजे पर सन्तरी खड़ा है। नगर-मंत्री का प्रवेश।)

राजा

नगर की खबर?

नगर मंत्री

लोग थोड़ा परेशान नजर आ रहे हैं महाराज।

राजा

क्यों? उनकी सुरक्षा के लिए, इतने थाने खुलवा दिए। बिजली-पानी का इतना अच्छा इन्तजाम करवा दिया।

नगर मंत्री

आप तो अपनी तरफ से सब-कुछ करवा ही रहे हैं महाराज, फिर भी कुछ है तो जरूर कि प्रजा परेशान हो रही है, दुखी हो रही है।

राजा

(लापरवाही से) प्रजा की तो आदत ही होती है परेशान होते रहने की, दुखी होते रहने की, सो होने दो। *(नगर मंत्री जाने लगता है तो)* तुम अपने लोगों से खूब प्रचार करवाते रहो हमारे कामों का। कितना कुछ तो कर रहे हैं हम।

नगर मंत्री

सो तो करवाता ही रहता हूँ। पर वे माने जब न?

(प्रस्थान)

राजा

लोगों ने अपनी श्रद्धा से अपने प्यार से मुझे यहाँ बैठाया। अब मेरा फर्ज बनता है कि मैं लोगों की फरियाद सुनूँ...उनके दुख दूर करूँ।

मंत्री

हाँ महाराज, बनता है और आप तो करते भी हैं।

राजा

तो बुलाओ एक-एक कर फरियादी को।

सन्तरी

(गुहार लगाता हुआ) फरियादी नम्बर एक हाजिर होओऽऽऽ

फरियादी

मैं लुट गया महाराज...मुझे बुरी तरह लूट लिया...अब मैं क्या करूँ?

राजा

किसने लूट लिया?

फरियादी

(हाथ में पकड़े बिजली के मीटर को दिखाते हुए) इसने।

राजा

यह क्या है? यह तो कोई बेजान-सी चीज दिखाई देती है। यह कैसे लूट सकती है?

फरियादी

यही तो मेरी भी समझ में नहीं आता, पर लूटा इसी ने है महाराज।

राजा

समझ में नहीं आता? मंत्री! तब तो इसके दिमाग का इलाज करवाओ, जिससे बातें इसकी समझ में आया करें।

फरियादी

नहीं महाराज, मैं बताता हूँ सारी बात। एक कमरे का मेरा घर, जिसमें चालीस पावर का एक बल्ब जलता। मैं

ठहरा गरीब मजूर माई-बाप। सवेरे नौ बजे से रात नौ बजे तक मजूरी करूँ। रात में घर लौटूँ तो सत्तू घोलकर पेट में और आँख झपके तो टाँग फैलाकर खाट में।

राजा

पर इस सबमें लूट कहाँ से आ गई?

फरियादी

सोई तो बता रहा हूँ महाराज। बहुत जली तो बिजली दो घंटे जली। सौ रुपए से ज्यादा बिल तो मैंने कभी दिया ही नहीं, पर इस बार बिल आ गया पूरे दो हजार रुपए का। *(माथा ठोककर)* इत्ते रुपए अब कहाँ से लाऊँ मैं? भागा-भागा बिजली दफ्तर गया तो वे कान पकड़ कर मुझे मेरे घर ले आए और *(मीटर दिखाते हुए)* इसे दिखाते हुए बोले...देख इसे, इसमें लिखा है तभी तो बिल बनाया है और दो झापड़ मारकर बोले, जमा कर देना, नहीं तो बिजली काट देंगे और चले गए। मैंने खूब आँख गड़ा-गड़ा कर देखा इसमें महाराज पर मुझे तो कुछ दिखा ही नहीं।

राजा

(जो सारी बात बड़े ध्यान से सुन रहा है, गर्दन हिलाते हुए) तो ये बात है। यानी समस्या बिल की नहीं, आँख की है, तुम्हें कुछ दिखता ही नहीं। मंत्री! इसकी तो आँख का इलाज भी करवाना पड़ेगा...करवाओ भाई। ये तो हमारा फर्ज है कि हम अपनी प्रजा के दुख-रोग दूर करें।

फरियादी

नहीं महाराज, मेरे रुपयों का...

(संतरी उसे घसीट कर बाहर ले जाता है और वो 'पर मेरे रुपए महाराज...मेरे रुपए–मेरे रुपए'...चिल्लाता ही रहता है।)

राजा

दूसरा फरियादी बुलाओ।

सन्तरी

फरियादी नम्बर दो हाजिर होओऽऽ

फरियादी–2

(एक औरत माथा कूटती हुई आती है) अरे महाराज मेरी फूल जैसी बेटी...जान से प्यारी मेरी बेटी...उसकी जिन्दगी ही बरबाद कर दी रे...

राजा

क्या हुआ...मार दिया उसे किसी ने?

फरियादी

मर जाती तो रो–पीट के सबर कर लेती पर अब तो ये न मरे में, न जिए में। उसकी तो आँख का आँसू न टूटे महाराज। उस लुच्चे को पकड़ कर सजा दिलाओ महाराज...मेरी बेटी को नियाव दिलाओ महाराज। *(हाथ जोड़कर सिर पीटने लगती है।)*

राजा

इसके लिए तो तुम थानेदार के पास जाओ। पकड़ने का काम तो पुलिस का है। इसके लिए ही तो हमने इतने थाने खुलवाए...इतने थानेदार भरती किए।

फरियादी

गया था महाराज...मेरा मरद पहले थाने ही गया था। पर जब सुबे का गया-गया संझा तक नहीं आया तो मैं गई। लुच्चे को ढूँढना तो दूर, थानेदार ने तो मेरे मरद को ही भीतर कर रखा था।

राजा

कहीं तुम्हारे मरद ने ही तो बेटी के साथ...

फरियादी

(बात बीच में ही काटकर) छीः-छीः, ऐसी बात भी न बोलो महाराज।
बाप है ऊ...बेटी के दुख से ऊ का तो आपन कलेजा फटा जा रिया है।

राजा

तो फिर?

फरियादी

थानेदार बोला, कुल पन्द्रह सौ रुपए माँगे थे...ससुरा देने का नाम ही न ले तो अन्दर कर दिया। फोकट में ढूँढेंगे

लुच्चा? अब रुपया ला और अपने आदमी को छुड़ा के ले जा! *(रोते हुए)* लुच्चा ढूँढ़ना तो दूर अब तो मरद छुड़ाना ही मुसीबत हो गई। हम गरीब आदमी–मर–खट के पेट भर लें सोई बड़ी बात, कहाँ से लाकर दूँ पन्द्रह सौ रुपए? *(रोने लगती है।)*

सन्तरी

रोए जाएगी या बात खत्म भी करेगी? महाराज के पास ज्यादा टैम नहीं।

फरियादी

हम हाथ जोड़त रहे, पाँव पड़त रहे कि हमारे मरद को तो छोड़ दो हुजूर पर ऊ तो...

राजा

क्या कहा?

फरियादी

का बताई महाराज...न कहते बने, न सहते बने। *(गरदन नीचे करके झिझकते हुए)* तेरी बेटी तो कुँआरी, टटकी पर तू तो पति के साथ खाई–खेली। रुपया नहीं दे सके तो एक रात मेरे साथ सो जा...क्या फरक पड़ता है। देख लुच्चे को ढूँढ़ना बड़ी मेहनत का काम सो मेहनताना तो देना ही पड़ेगा। रुपया दे या फिर...ई कइसा थानेदार महाराज? हम गरीब औरतन की कौनो इज्जत ही नाहीं का *(रोने लगती है)*

राजा

(जो बड़े ध्यान से सारी बातें सुन रहा है, गरदन हिलाते हुए) अब आई असली बात समझ में। देखो थानेदार तो हमने चुन-चुन कर रखे थे–बिल्कुल चुस्त और अपने काम में मुस्तैद। पर हाँ, तनख्वाहें थोड़ी कम दी थी उनको, सो अब वे शिकायत करने वालों से ही मेहनताना माँगने लगे। गलत बात है ये तो। पर वे भी क्या करें...पेट भरने के लिए कभी-कभी ये गलत काम भी कर लेते हैं। मंत्री, देखो थानेदारों की तनख्वाहें तुरन्त बढ़ाई जाएँ।

जाओ, अब कोई नहीं माँगेगा मेहनताना। हम जड़ ही काट देते हैं, इस गलत काम की।

(सन्तरी उसे घसीटता हुआ बाहर ले जाता है और वह चिल्लाती रहती है...पर महाराज मेरा मरद...मेरी बेटी।)

राजा

अगला फ़रियादी।

सन्तरी

फरियादी नम्बर तीन हाजिर होओऽऽ...

(दो गरीब आदिवासी आते हैं। राजा को साष्टांग दंडवत करते हैं फिर हाथ जोड़कर खड़े हो जाते हैं।)

राजा

बोलो क्या दुख है तुम्हें?

फरियादी

महाराज, जमीन ही हमारी माई–बाप...जमीन ही हमारी जिनगानी।

हम आपन जमीन में खेती करिके आपन बच्चन को, आपन परिवार को पेट पालें...ए ही जमीन में बैठे, सोये...ए ही जमीन में हँसे–रोये।

अब जाने कहाँ–कहाँ से लोग आइके हमसे हमार जमीन छीनत रहे...कहत रहे कि एही जमीन के नीचे तो सोना रहे अउर हम ओका मिट्टी करत रहा, सो अब उ लोग ई सोना का मिट्टी न होन देई।

वे हमार जमीन लेइके उससे सोना निकालिहैं अउर बड़ा–बड़ा कल–कारखाना लगाई है। उ कल–कारखानाओं सोना उगलिहैं।

जमीन ही सोना उगलिहै और...कल–कारखानाओं सोना उगलिहैं...हम नाही जानत महाराज कि का करिहें वे इत्ता सोना लेके?

दूसरा

सोना तो कोई खावत नाहीं...खावत तो अन्न ही है न और अन्न तो हम आपन ई जमीन से उगावत ही रहें तो काहे हमार ई जमीन हमसे छीनत रहे...हमारी जमीन न छिनवाओं महाराज।

पहला

जमीन चली गई तो हम कहाँ जाइ है महाराज? जमीन बिना तो हमार जिनगीओ नाही। तो का हम आपन बाल–बच्चा अउर परिवार को लइके मरि जाब? हम मरन नाही चाहत महाराज। आपकी सरन में आए हैं, आप ही हमें बचाओ महाराज। *(हाथ जोड़कर खड़े हो जाते हैं।)*

राजा

जमीन लेते हैं तो रुपया तो देते होंगे तुम्हें। बस, उन रुपयों से जिओ, बच्चों-परिवार के साथ खाओ, खेलो मौज करो।

फरियादी

नाहीं महाराज, रुपया तो खरच किया तो खल्लास। फिर का करिहें? जमीन से तो हर बरस खेती...हर बरस पैसा। खेती में उपजा अन्न ही हमार सोना...ई ना छीनन देओ हमसे *(रोने लगते हैं।)*

राजा

अच्छा बताओ ये जमीन किसकी?

फरियादी

हमरी महाराज।

राजा

और तुम किसके? *(दोनों चुप)* हमारे! तुम्हारे लिए ही तो हम राज करते...मरते...खटते। बोलो तुम हमारे हो कि नहीं...?

फरियादी

हाँ महाराज! आपकी सरण में ही तो रहें हम!

राजा

तो सुनो! जमीन तुम्हारी...और तुम हमारे तो तुम्हारे साथ ये जमीन भी हमारी हुई कि नहीं। अब उस जमीन के

साथ हम कुछ भी करें...किसी को भी दें इत्ती सी बात समझ में नहीं आती तुम्हें?

(दोनों भकुवाए से पहले राजा को देखते हैं, फिर एक-दूसरे को)

राजा

जो हो रहा है अच्छे के लिए ही हो रहा है। जमीन से सोना निकलेगा तो अपनी नगरी का धन भी तो बढ़ेगा और जो धन बढ़ेगा तो सब तुम लोगों पर ही तो खर्च होगा। *(सन्तरी से)* ले जाओ इन्हें।

(सन्तरी उन्हें खींच कर ले जाता है। वे 'तो न मिलिहें हमरी जमीन–न मिलिहें हमरी जमीन' कहते हुए रोते, गिड़गिड़ाते चले जाते हैं।)

राजा

अगला फरियादी।

सन्तरी

फरियादी नम्बर चार हाजिर होओऽऽ...

(तीन-चार लोग एक साथ हाजिर होते हैं।)

फरियादी

महाराज, क्या खाएँ...क्या पहनें, कैसे पालें अपने बीबी बच्चों को...बाजार में तो आग लगी है।

राजा

(घबराकर) क्या कहा...आग लगी है तो मूर्खों मेरे पास क्यों आए हो, तुरन्त दमकल वालों को बुलाओ, नहीं तो

आग बढ़ती ही जाएगी...दुकानें जलकर राख हो जाएँगी। *(सन्तरी से)* निकालो इन्हें और तुम भी दमकल वालों को बुलाओ, तुरन्त आगे बुझवाओ।

(सन्तरी उन्हें घसीट कर ले जाता है। वे चिल्लाते रहते हैं...महाराज वैसी आग नहीं...हम तो...)

राजा

आग भी कोई दस-बीस तरह की होती है क्या? *(दुखी होकर)* दुकानें जलेंगी तो सामान जलेगा...सामान जलेगा तो कितना नुकसान होगा...नुकसान होगा तो हमारी प्यारी प्रजा कितनी दुखी होगी। प्रजा का दुख, हमारा दुख...अब इस दुखी मन से और फरियाद नहीं सुन पाएँगे हम...बिदा करो सबको।

मंत्री

(राजा को उठाते हुए) अब आप विश्राम कीजिए महाराज।

(दुखी राजा को पकड़े-पकड़े ले जाता हैं। बाकी सब लोग भी निकल जाते हैं।)

(सूत्रधार का प्रवेश)

चतुर राजा...चतुर राजा
कैसि रे तेरी ये चतुराई
बालक बच्चे तेरे सब राज करें
राज करें और मौज करें
बस दुखी प्रजा के लोग लुगाई।

(दृश्य समाप्त)

दृश्य-6

(राजा, बड़ा मंत्री और दो-चार लोग बैठे हैं। नगर मंत्री का प्रवेश)

राजा

नगर की खबर?

नगर मंत्री

अच्छी नहीं है महाराज...और हो भी कैसे सकती है?

राजा

क्यों?

नगर मंत्री

फरियादी लोग आए और...

राजा

हमने उनकी फरियाद सुनी।

नगर मंत्री

पर किया कुछ नहीं।

राजा

हमने उन्हें दर्शन दिये..यही कोई कम बड़ी बात है क्या?

नगर मंत्री

समय बदल रहा है महाराज। अब उन्हें आपके दर्शन नहीं, अपने दुखों का हल चाहिए...अपनी परेशानियों से चाहिए निजात। इस सबके लिए की आपने कोई बात?

राजा

उनकी सुरक्षा के लिए कितने तो थाने खुलवाये।

नगर मंत्री

थाने तो खुलवाए पर जाना कभी कि होता है वहाँ क्या? कैसी सुरक्षा और किसकी सुरक्षा? लोगों की रपट तक तो लिखी नहीं जाती, उल्टे उनसे पैसा वसूला जाता है। दुखी, परेशान लोगों को और अधिक दुखी किया जाता है।

राजा

अभी पुलिस वाले अपना कर्ज चुकाने के लिए ऐसा कर रहे हैं। कर्ज चुक जाएगा तो चाल बदल जाएगी उनकी।

नगर मंत्री

एक बार जो चस्का लग गया रिश्वत का तो फिर नहीं बदलेगी चाल।

राजा

बदलेगी...नहीं तो फिर हम देख लेंगे!

नगर मंत्री

मेरा फर्ज था सो बता दिया आपको कि जनता का दुख अब गुस्से में बदल रहा है।

राजा

(लापरवाही से) गरीब क्या गुस्सा करेगा?

नगर मंत्री

देखेंगे तो जानेंगे उनके गुस्से को। इतना ही नहीं, उनकी परेशानियाँ नफरत में बदल रही हैं। ढेर-ढेर लोग झुंड बना कर अब अपने गुस्से और नफरत की बातें ही करते हैं। ये लक्षण अच्छे नहीं हैं राज के लिए।

राजा

तुम इतने डरपोक कब से हो गए? ऐसे झुंड तो बनते ही रहते हैं, बिखरते ही रहते हैं...कभी कोई कुछ कर सका क्या हमारा? तुम डरो नहीं, बल्कि इनको डराओ। हमारे गुस्से का भय दिखाओ और सब तरफ हमारे कामों के गुण गाओ।

(हताश मंत्री मंच के एक ओर सरक कर इतना ही कहता है)

नगर मंत्री

क्या करूँ मैं इनका...ये तो न कुछ देखना चाहते हैं, न समझना चाहते हैं। अब होने दो जो होता है।

(प्रस्थान)

बड़ा मंत्री

(राजा की तरफ एक कागज बढ़ाते हुए) ये शिकायती खर्रा देखिए।

राजा

किसने शिकायत की...किसके खिलाफ की?

बड़ा मंत्री

शिकायत करने वाला खोजी लाल और शिकायत की है हिम्मती लाल की।

राजा

और शिकायत?

बड़ा मंत्री

नौकरी तो रईसी की नहीं, पर रियासत बना ली करोड़ों की। सब चार सौ बीसी का धन्धा। खूब ऐंठा...खूब लूटा। लूटने, ऐंठने के प्रमाण भी नत्थी और सारी रियासत का ब्यौरा भी प्रमाणों के साथ नत्थी।

राजा

(कुछ सोचते हुए) चार दिन में दोनों की सारी खोज-खबर इकट्ठी करो और पाँचवें दिन पहले खोजीलाल को और फिर हिम्मती लाल को हाजिर करो।

बड़ा मंत्री

जो आज्ञा महाराज।

(एक क्षण को बत्ती बुझती है और फिर जल जाती है। दृश्य में खोजीलाल और जुड़ जाता है।)

राजा

(हाथ में एक खर्रा लिए हुए) तुम तो पहले हमारे राज में ही नौकरी करते थे न?

खोजी

जी *(वह महाराज नहीं लगाता और जरा अकड़कर ही बोलता है।)*

राजा

तुम्हें तो नौकरी पूरी होने से पहले ही निकाल दिया गया था न?

खोजी

जी नहीं, मैं खुद निकल आया था।

राजा

हाँऽऽ वो एक ही बात है।

खोजी

(गुस्से में) एक ही कैसे...बहुत फरक है दोनों में।

राजा

फरक? निकाल दिया...निकल आया...एक 'आ' की मात्रा का फरक ही तो है। यह भी कोई फरक हुआ?

(हाथ का कागज दिखाते हुए) एक शिकायती खर्रा तुम लाए और तुम्हारा शिकायती खर्रा हमने तैयार करवाया।

खोजी

(आश्चर्य से) मेरा शिकायती खर्रा?

राजा

यह बताओ कि पाँच साल पहले ही क्यों निकल आए तुम अपनी सरकारी नौकरी से?

खोजी

दम घुटता था मेरा वहाँ।

राजा

या दम घोंट दिया था तुमने साथ काम करने वालों का, इसीलिए पन्द्रह सालों में पच्चीस तबादले करने पड़े थे तुम्हारे। बोलो हुए थे या नहीं?

खोजी

हुए थे, क्योंकि मैं जहाँ भी चार सौ बीसी का...बेईमानी का मामला देखता...और जो सब तरफ फैले पड़े थे, उसके खिलाफ कुछ कर सकूँ उसके पहले ही रवाना कर दिया जाता था मुझे वहाँ से।

राजा

नहींऽऽ! तुम्हें जो काम दिया जाता था, वह तो तुम करते नहीं थे, तुम तो बस जासूसी करते रहते थे दूसरों की। तुम्हारा ये खर्रा ही सबूत है इस बात का।

खोजी

मेरी बात छोड़िये...मैं अपने तबादलों की शिकायत लेकर नहीं आया हूँ। पुख्ता प्रमाणों के साथ जो शिकायत लाया हूँ, उसके खिलाफ क्या करने जा रहे हैं आप?

राजा

तुम्हारी कोई निजी दुश्मनी इससे?

खोजी

नहीं, मैं तो इसे जानता तक नहीं।

राजा

बिना जाने ही इतना सब जान लिया। अब ये भी जान लो, जो हमने तुम्हारे बारे में जाना।

खोजी

यही न कि मेरा खून खौल जाता है ऐसे घपलेबाजों की हरकतों पर।

राजा

खौलता तो है, पर घपलों से नहीं...खौलता है कि इन घपलों की कमाई में तुम्हें तो कुछ मिला ही नहीं।

खोजी

(गुस्से से) क्याऽऽ

राजा

बहुत डर दिखाया तुमने कि तुम्हें भी तगड़ी रकम नहीं पकड़ाई तो तुम ये कर दोगे वो कर दोगे–सारी पोल-पट्टी खोल दोगे...पकड़वा दोगे पर वो भी ठहरा हिम्मती लाल। न तुम्हारी धमकियों से डरा, न रुपया दिया तो तुम ये खर्रा ले आए।

खोजी

(गुस्से से धिक्कारते हुए) यही समझा आपने? क्या उम्मीद की जाए आपसे?

राजा

गर्दन नीची...आवाज धीमी। जानते नहीं राजा से कैसे बात की जाती है? *(सन्तरी से)* निकाल-बाहर करो!

(सन्तरी पकड़ने आता है उसके पहले ही गुस्से से भरा खोजी लाल खुद ही निकल जाता है।)

बड़ा मंत्री

महाराज अब हिम्मती लाल से मैं बात कर लूँगा। ये घटिया लोग तो आपके सामने खड़े होने लायक नहीं, आ जाते हैं बात करने।

राजा

ठीक है, तुम्हीं बात कर लो। बड़ी रियासत बनाई है इसने...बस समझ लेना और इसे भी समझा देना सब आगा-पीछा।

(राजा उठकर चला जाता है और मंत्री सन्तरी को आदेश देता है कि हिम्मती लाल को हाजिर करो। हिम्मती लाल का प्रवेश। वह कुछ घबराया हुआ, परेशान सा नजर आता

है। मंत्री उसे ऊपर से नीचे तक देखता है फिर शिकायती खर्रा दिखाते हुए)

हिम्मती

ये क्या है हुजूर?

बड़ा मंत्री

तुम्हारे कारनामे।

हिम्मती

मैं कुछ समझा नहीं महाराज।

बड़ा मंत्री

बस सिर्फ करते हो...समझते नहीं? *(खर्रे में से एक कागज पकड़ाता है, जिसे देखकर हिम्मती लाल के चेहरे का रंग उड़ने लगता है।)*

हिम्मती

ये सब आपको किसने दिया हुजूर?

बड़ा मंत्री

देगा कौन? हमारे राज में कौन क्या कर रहा है, कहाँ क्या हो रहा है, सबकी खबर रखे बिना राज चला सकते हैं क्या हम?

हिम्मती

पर हुजूर ये सब *(हाथ हिलाता है मानो कहना चाहता है कि ये सब गलत है।)*

बड़ा मंत्री

पुख्ता प्रमाण लगे हैं साथ में...देखो *(एक कागज और पकड़ाता है।)*

हिम्मती

(गरदन नीचे करके) अब क्या बताऊँ हुजूर, वे ठेका चाहते थे...

बड़ा मंत्री

और तुमने मोटी रकम ऐंठ कर सस्ते में सरकारी ठेका दिलवा दिया।

हिम्मती

मैंने नहीं ऐंठी रकम...उन्होंने खुशी-खुशी दी थी हुजूर।

बड़ा मंत्री

(दूसरा कागज पकड़ाते हुए) एक यही तो नहीं, कई कारनामें जुड़े हैं तुम्हारे नाम के साथ।

हिम्मती

वो तो हुजूर...अब क्या बताऊँ

बड़ा मंत्री

बताना क्या...लिखे तो हैं सब इसमें...तुम्हारी पूरी रियासत के ब्यौरों के साथ। *(हिम्मती लाल हाथ जोड़ कर, गरदन-नीची किए खड़ा रहता है)* पर यह तो समझते

कि राजा से छिपकर इतना कमाओगे और सारा का सारा अकेले हड़प कर जाओगे तो क्या यों ही छोड़ देंगे राजा साहब! *(हिकारत से)* जेल की चक्की पीसोगे सारी जिन्दगी और धरी रह जाएगी तुम्हारी ये सारी रियासत!

हिम्मती

नहीं हुजूर...गलती हुई मुझसे...माफी मिले। राजा साहब को भेंट चढ़ाने को तो मैं तैयार। हक बनता है राजा साहब का तो...मुझसे ही चूक हुई। आप आदेश दीजिए, मैं करता हूँ पालन।

बड़ा मंत्री

इस मामूली-सी नौकरी से इतनी बड़ी रियासत बना ली... और अब राजा साहब को हिस्सा देने आए हो...हिम्मती ही नहीं, होशियार भी लगते ही काफी। *(प्रशंसा का भाव)*

हिम्मती

कैसी हिम्मत...कैसी होशियारी...बस गुलाम हूँ आपका।

बड़ा मंत्री

हम कदर करते हैं ऐसे हिम्मती, होशियार लोगों की...राजा के तो बड़े काम के होते हैं ऐसे लोग।

हिम्मती

(प्रशंसा सुनकर हिम्मती आँख उठाकर देखता है और गदगद भाव से)
आप हुकुम करें हुजूर मैं चाकरी बजाने को तैयार।

बड़ा मंत्री

पहले बँटवारा हो जाए।

हिम्मती

हुकुम करिए हुजूर।

बड़ा मंत्री

आधी रियासत तुम्हारी...आधी हमारी, बराबरी की हिस्सेदारी।

हिम्मती

आधी रियासत?

बड़ा मंत्री

आधी रियासत तो लेंगे पर बदले में बड़ी नौकरी देंगे। बड़ी नौकरी, बड़ा रुतबा, बड़ी तनख्वाह और बाकी सब कुछ तो रहेगा ही।

हिम्मती

सच महाराज? फिर हम पर कोई हाथ तो नहीं उठाएगा?

बड़ा मंत्री

नहीं...नहीं। जिसे हम इतना ऊपर बिठाएँ...उस पर भला फिर कौन हाथ उठाए। जाओ, बना दिया तुमको पुलिस का सबसे बड़ा कप्तान। आज से सारी नगरी...सारी पुलिस तुम्हारे नीचे। सब पर तुम हुकुम चलाओ...रौब जमाओ और बाकी तो तुम खुद ही होशियार।

हिम्मती

(खुशी से उछल कर) बड़ा कप्तान। धन भाग मेरे हुजूर। आज से आपकी नगरी की...प्रजा की हिफाजत करना मेरी पहली जिम्मेवारी।

बड़ा मंत्री

नहीं, पहली जिम्मेवारी राजा की, राजपरिवार की हिफाजत करना। पहले राजा, फिर प्रजा!

हिम्मती

सो तो है ही हुजूर। राजा है तो प्रजा है वरना बिन राजा कैसी प्रजा?

बड़ा मंत्री

तो हो जाओ शुरू। *(हिम्मती लाल झुक झुक कर सलाम करता हुआ निकल जाता है।)*

(दृश्य समाप्त)

दृश्य–7

(राजा, बड़े कुँवर, छोटे कुँवर और सामने बही–खाता रखे खजांची बैठे हैं। नगर मंत्री का प्रवेश वह कुछ परेशान, दुखी और क्रोध में है।)

राजा

नगर की खबर?

नगर मंत्री

आपने उस खोजी लाल को अपमानित करके निकाल दिया?

राजा

इसी लायक तो था वह।

नगर मंत्री

जानते हैं सवेरे–शाम भीड़ जुटा–जुटा कर क्या कह रहा वह सबको?

राजा

बकने दो उसे।

नगर मंत्री

जिस हिम्मती लाल के भ्रष्टाचार के सबूत प्रमाणों के साथ उसने आपको लाकर दिए, आपने उसी को पुलिस का बड़ा कप्तान बना दिया?

राजा

उसने सबूत दिए और हम मान लें...ऐसे मूर्ख नहीं हम।

नगर मंत्री

पर लोग मान रहे हैं। नगर के दुखी, परेशान लोग उसके साथ जुड़ते जा रहे हैं और भीड़ है कि बढ़ती ही जा रही है।

राजा

बढ़ने दो। ये दुखी, गरीब लोग जुड़कर भी क्या कर लेंगे हमारा?

नगर मंत्री

क्या कर लेंगे...तो याद दिला दूँ कि ये ही हैं वे लोग, जिन्होंने आपको इस गद्दी पर बिठाया। महलों की इन दीवारों में रहकर आप तो भूल ही गए इन झोपड़ियों में रहने वालों की बात, पर यह मत भूलिये कि जो गद्दी पर बिठा सकता है, वही चाहे तो...नहीं करूँगा मैं पूरी बात। बस इतना जान लीजिए कि कोई संकट आने वाला है। सूचना देना मेरा काम था, मैंने दे दी।

राजा

हमने सुन ली। अब जाओ और खबरें लाओ और जो हमने कहा वही करते जाओ।

नगर मंत्री

(गुस्से से निकलता है और मंच के अन्तिम छोर पर पहुँच कर दर्शकों को सम्बोधित करते हुए) अब कर न सकूँगा मैं तो इनका कोई भी काम। मेरा तो हर क्षण अर्पित होगा अब खोजी ही के नाम।

(प्रस्थान)

राजा

(खजांची से) तो अब हिसाब हो जाए साल भर का। *(खजांची बही खाते खोलता है)* वह जो तीन कम्पनियों से पैसा मिला था, वह तो जोड़ दिया न? तगड़ी रकम थी।

खजांची

वह तो कभी की जोड़ दी महाराज। उन कम्पनियों ने तो जमीन हथियाना-खोदना भी शुरू कर दिया।

राजा

अच्छा! अब देखना कितना पैसा उगलेंगी ये कम्पनियाँ। ये उगलेंगी तो उसमें से कुछ हम भी निगलेंगे ही। हाथ हमेशा ऐसी ही कम्पनियों से मिलाना चाहिए। वे खाएँ, हम पचाएँ।

खजांची

ये सब तो आपकी बुद्धिमानी है महाराज।

राजा

केवल बुद्धि ही नहीं, हिम्मत भी चाहिए इस तरह राज चलाने के लिए।

खजांची

उसकी कौन कमी है महाराज आपके पास?

राजा

(स्वीकृति में गरदन हिलाता है) अभी तो आप बस इतना बता दो कि खजाने के मामले में कैसा रहा ये साल?

खजांची

पूरमपूर...भरपूर।

राजा

अब गुप्त धन का ब्यौरा भी दे दो।

खजांची

एक घड़ा सोने के सिक्के आपके नाम..एक घड़ा बड़े कुँवर के नाम...एक छोटे कुँवर के नाम! अपने हाथ से घड़े अच्छी तरह बन्द किए...छह-छह फीट जमीन खोदी...घड़े गाड़े और जमीन बराबर कर दी न कोई देख

सके, न जान सके। किसी को हवा ही नहीं लग सकती। इस धन की।

राजा

तुम लोगों का?

खजांची

(खिसियानी सी हँसी हँसकर) हमने भी अपने लिए कुछ तो कर ही लिया।

राजा

और मंत्री लोग?

खजांची

मंत्री कौन चूकने वाले महाराज। होशियार मंत्रियों ने तो अपने गुप्त धन का इन्तजाम भी कर लिया।

राजा

ठीक है, अपनी होशियारी से बनाया तो रहे उनके पास और राज के कर्मचारियों की क्या खबर?

खजांची

तनख्वाह से भी किसी का गुजारा होता है क्या महाराज! तनख्वाह तो समझिए अपने पद की। जिसका जैसा पद, उसकी उतनी तनख्वाह। अब ऐश-आराम के लिए तो अलग से ही पैसा चाहिए न महाराज, सो काम करके लेते।

राजा

काम का पैसा कौन देता?

खजांची

जो काम कराने आएँ वो दे पैसा। बड़ा काम ज़्यादा पैसा...छोटा काम, कम पैसा।

राजा

देते लोग?

खजांची

काम करवाना है तो देंगे ही पैसा।

राजा

(प्रसन्न होकर) अच्छा है खुशहाली में जीने के सारे गुर सीख लिए अपने कर्मचारियों ने भी।

खजांची

आप खुशहाल तो आपके चरण चिन्हों पर चलने वाले कर्मचारी भी खुशहाल!
बस प्रजा जरूर थोड़ी...

राजा

(उपेक्षा से) इन गरीब-गुरबों को आदत होती है भूखा-नंगा रहने की।

चुनाव के साल इन्हें भी खुश कर देंगे। उस साल पैसे से होंगी इनकी जब जेबें भारी तो भूल जाएँगे इन

दिनों की ये तकलीफें सारी...और देखना वोट तो ये फिर हमको ही देंगे।

खजांची

ऐसा ही हो महाराज।

राजा

कमाई तो हो गई अच्छी इस साल...अब प्रजा के सामने रखना है इस साल का हिसाब। अब ऐसा करो कि कमाई को करो चौथाई और खर्च दिखाओ डबल। प्रजा भी जाने कि कितने संकट से चला रहे हैं राज। घाटा भरने के लिए क्या-क्या नहीं करते हम पर घाटा तो घाटा। प्रजा की भलाई के लिए योजनाएँ तो हम कितनी ही बनाते पर इस घाटे के कारण उन्हें बस पूरा नहीं कर पाते। अधूरी योजनाओं से प्रजा होती दुखी और हम रात-दिन यही सोच-सोच कर मरते कैसे बनाएँ उसे सुखी।

खजांची

(एक दूसरा बही-खाता सामने रखते हुए) प्रजा के सामने रखने वाला हिसाब भी तैयार है महाराज।

राजा

(बही खाता लेते हुए) काम में सचमुच तुम हो चुस्त-दुरुस्त। *(बड़े कुँवर से)* हिसाब के साथ बोला जाने वाला भाषण तुम तैयार कर दो। भाषण हो आँसू-

भीगा...तकलीफ में डूबा। पढ़ते समय हम तो आँसू बहा ही देंगे पर तारीफ की बात तो तब जब राजा के घाटे की बात सुनकर प्रजा भी आँसू बहाने लगे।

बड़ा मंत्री

वह कौन बड़ी बात महाराज। राजा का दुख प्रजा को तो रुलाएगा ही।

(नगर-मंत्री का प्रवेश, वह राजा और मंत्री की बात सुन लेता है और राजा के कुछ पूछने से पहले ही बोल पड़ता है।)

नगर मंत्री

किस भ्रम में रहते हैं आप?

अपनी ही दुनिया में जीते, चलते अपनी ही चाल
बता-बता कर थक गया, क्या है आज प्रजा का हाल।

आँसू तो अब वह अपने दुखों पर ही बरसाती,
राजा की करनी पर तो बातों के कोड़े बरसाती।
अब तो वह केवल खोजी की बातें ही सुनती।
जिधर कहे खोजी, बस उसी दिशा में चलती।

राजा

क्या बकवास कर रहे हो?

नगर मंत्री

जो देखा वो बता दिया...मैंने अपना फर्ज अदा किया।
(निकल जाता है)
(हैरान से सब एक-दूसरे का मुँह देखते हैं।)

राजा

पता करो, बात क्या है? नगर-मंत्री को हमने आदेश दिया था कि नगर की सूचना दो और प्रजा में इतना डर फैलाओ कि किसी में हमारे खिलाफ सिर उठाने की हिम्मत ही न आए। यह तो ऐसे बोल रहा है जैसे उनकी तरफ से बोल रहा हो...इसे भी देखना पड़ेगा।

बड़ा मंत्री

आप परेशान न हों महाराज। नगर के हाल जानने के लिए मैं करता हूँ कोई उपाय।

(सबका प्रस्थान...अंधकार)

(दृश्य समाप्त)

दृश्य-8

(राजा, बड़े कुँवर और छोटे कुँवर के साथ बैठा है।)

राजा

(बड़े कुँवर की ओर देखकर)
नगर की कोई खबर मिली?

बड़ा मंत्री

मैंने अपने कुछ आदमी लगा दिए हैं, वे सूचना भी देते रहेंगे और उस खोजी के विरुद्ध ऐसा प्रचार करेंगे कि प्रजा उसका मुँह देखना भी पसन्द नहीं करेगी।

राजा

यही तो करना है अब।

छोटा मंत्री

यह खोजी तो शुरू से ही बड़ा खतरनाक आदमी था। पता नहीं प्रजा कैसे...

राजा

(बात बीच में ही काटकर) ज़ानते हैं। बस, नगरी के हाल हो जाएँ जरा ठीक, फिर इस खोजी की तो ऐसी

खबर लेंगे कि इस जिन्दगी में तो फिर यह कभी हमसे टक्कर लेने की हिम्मत ही नहीं कर पाएगा।

(बाहर से सन्तरी भागता हुआ आता है और बेहद घबराई आवाज में)

सन्तरी

महाराज, न जाने कित्ते लोग आपके महल के बाहर जमा हो गए हैं।

राजा

जमा हो गए तो तितर-बितर करो!

सन्तरी

नहीं महाराज, वे शोर मचा रहे हैं...नारे लगा रहे हैं।

राजा

(डाँटते हुए) तो चुप करो उन्हें। कैसे सन्तरी हो तुम...इतना-सा भी नहीं कर सकते?

सन्तरी

इत्ते सारे लोगों के सामने हम दो सन्तरी क्या कर सकते हैं महाराज? और वे तो बस, आपसे मिलना चाह रहे हैं।

बड़ा मंत्री

क्या समझ रखा है उन्होंने? महाराज क्या ऐसे सड़क-छाप लोगों से मिलते फिरेंगे। कह दो नहीं मिलेंगे राजा किसी से और बिदा करो।

सन्तरी

हुजूर, न हो तो आप मिल लीजिए। वहाँ तो भीड़ बढ़ती ही जा रही है।

छोटा मंत्री

ये सब चूहा, बन्दर पार्टी का कारनामा है। हार क्या गए, मुश्किल कर रखा है हमारा जीना।

सन्तरी

नहीं हुजूर, ये किसी पार्टी-शार्टी के लोग नहीं...ये तो नगर के मामूली लोग हैं। आप में से कोई भी चलकर उनसे बात करेगा तो हो सकता है सब ठीक हो जाए। वे खुद ही चले जाएँ।

बड़ा मंत्री

क्यों करें हम बात? कह दो जाकर राज-परिवार से नहीं करने वाला कोई बात-दफा हो जाएँ यहाँ से चुपचाप।

(सन्तरी जाता है और ये तीनों एक-दूसरे को देखते हैं। चेहरे पर हल्की-सी परेशानी का भाव।)

(सन्तरी दौड़ता हुआ फिर आता है और उतनी ही घबराहट के साथ)

सन्तरी

आप चलकर देखिए तो सही हुजूर। महल के सामने का मैदान पूरा भर गया है लोगों से।

राजा

तो हम क्या करें...बड़े कोतवाल को खबर करो।

सन्तरी

वह तो मैंने इनको देखते ही कर दी थी। वे आते ही होंगे।

(सन्तरी वैसे ही भागता हुआ निकल जाता है। बड़े कोतवाल का प्रवेश)

कोतवाल

आप चिन्ता न करें महाराज! मैंने चारों ओर पुलिस लगा कर महल को किले में बदल दिया है। अब आप तक कोई फटक भी नहीं सकता।

राजा

(आश्वस्त होकर) आप आए, हम हुए निश्चिन्त! पर ये आए क्यों?

कोतवाल

इनके दिमाग का फितूर।

राजा

फिर भी कर लो इनसे बात। जान लो इनकी क्या है परेशानी।

कोतवाल

(उपेक्षा से) सबकी एक ही तो परेशानी...बिजली के बढ़े दाम।

राजा

तो बिजली जलाना बन्द कर दें।

कोतवाल

पानी के बढ़े दाम।

राजा

पानी बहाना बन्द कर दें।

कोतवाल

खाने-पीने की चीजों के बढ़े दाम।

राजा

तो खायें थोड़ा कम।

कोतवाल

हाँ महाराज, कम खाएँगे तो सेहत भी अच्छी रहेगी।

राजा

और?

कोतवाल

हर काम के लिए रिश्वत देना मंजूर नहीं।

राजा

तो काम करवाना बन्द कर दें...खुद ही कर लें सारे काम।

कोतवाल

युवा लोग परेशान कि उनके लिए नौकरी नहीं, क्या करें वे?

राजा

मौज करें। देखो, सुन ली हमने उनकी परेशानियाँ अब तुम उन्हें हमारे जवाब सुना दो और तड़ी करो सबको महल के सामने से।

कोतवाल

कोशिश तो यही कर रहा हूँ महाराज...पर इस बार मामला थोड़ा टेढ़ा है। वे आसानी से हिलने वाले नहीं।

राजा

तो लाठियाँ किसलिए थमाई हैं पुलिस वालों को?

कोतवाल

ऐसे तो लाठी नहीं बरसा सकते महाराज–भारी बदनामी हो जाएगी आपकी। वे कुछ हुड़दंग करें, तभी तो लाठियाँ बरसाएँ हम। पर वे तो शान्त भाव में खड़े–खड़े बस नारे लगा रहे। उनकी इस अदा ने ही तो कर दिया हमें मजबूर!

राजा

तुम उकसाओ उन्हें कुछ करने के लिए...यों न रहो मजबूर।

कोतवाल

बहुत उकसाया...तरह-तरह से उकसाया पर तोड़ न सके उनकी इस मुद्रा को।

राजा

(धिक्कारते हुए) कैसे कोतवाल हो तुम...इन निहत्थे लोगों की भीड़ भी तितर-बितर नहीं कर सकते?

कोतवाल

वह तो करूँगा ही पर थोड़ा समय तो देना ही होगा। बस, दो दिन आप धैर्य रखिए फिर देखिए मेरा कमाल।

राजा

क्या करोगे?

कोतवाल

तीसरे दिन तीस-चालीस गुंडे घुसा दूँगा अपने...वे करेंगे खूब हुड़दंग और फिर पुलिस पिल पड़ेगी सब पर...करेगी ऐसी लाठियों की बौछार कि...

राजा

आदेश है हमारा कि तीसरे दिन हमारे महल के बाहर एक भी बन्दा दिखाई ना दे।

कोतवाल

सवाल ही नहीं उठता महाराज। आधों के सिर फूटेंगे...आधों के हाथ-पाँव टूटेंगे। घर वाले आँसू बहाते आएँगे...ले

जाएँगे उनको अस्पताल और हो जाएगा आपका मैदान सारा साफ...

राजा

तो तीसरे दिन बस कर डालो ये काम।

(अन्धकार! मंच खाली है। एकाएक पीछे से लोगों के बुरी तरह रोने-चीखने, चिल्लाने की आवाजें आने लगती हैं। दिल दहलाने वाली चीखों से वातावरण भर जाता है। एक मिनिट यह सब चलता रहे-फिर प्रकाश होता है। मंच पर कथा-कहन्तू स्वामीजी...और कथा सुनन्तू भीड़ बैठी है। सुनन्तू लोगों में से कुछ खड़े होकर चिल्लाते हैं।)

भीड़

बन्द करिए ये कथा...नहीं सुननी हमें ऐसी कथा। आपने तो चतुर राजा की कथा सुनाने को कहा था स्वामीजी...ये कैसा चतुर राजा है...इतना बर्बर...इतना क्रूर।

दूसरा

चुनाव के समय तो अपनी प्रजा के प्यार का ढिंढोरा पीटते-पीटते गले सूख गए थे इनके...राजा बनते ही ऐसा अन्याय...ऐसा अत्याचार।

तीसरा

जब आपने कथा बनाई तो आप तो जानते ही होंगे कि चुनाव जीतते ही उल्लू पार्टी ये सब करेगी तो आपने

बन्दर या चूहा पार्टी का राजा क्यों नहीं बनाया? निहत्थे लोगों को इतनी बेरहमी से मारा जाता है?

दूसरा

बिना किसी गुनाह के ऐसे निरीह लोगों को इतनी बर्बरता से पीटा जाता है? नहीं सहा जा रहा हमसे कुटती-पिटती इस प्रजा का प्रलाप।

तीसरा

धिक्कार है इस उल्लू पार्टी के राजा को...। उतारिए इसे गद्दी से...नहीं सुननी हमें इसकी कथा।

स्वामी

(हाथ से शान्त रहने का इशारा करते हुए) शान्त रहिये...शान्त रहिये। बैठिए और ध्यान से सुनिए मेरी बात। ये पार्टी का तो खेल ही नहीं...ये सब खेल तो है सत्ता का...सिंहासन का। जो भी इस सिंहासन पर बैठा, समझो मति हुई उसकी भ्रष्ट। फिर उसका दिल दिमाग उसका नहीं, सिंहासन का हो जाता। सिंहासन उसे जो दिखलाएगा, वहीं वो देखेगा...सिंहासन जो करवाएगा, वही वह करेगा। यों समझो कि फिर आदमी, आदमी नहीं, सिंहासन ही बन जाएगा। और सिंहासन तो न कुछ देखे, न सुने...न सोचे, न धड़के। न जिसके कोई नीति-नियम...न आचार-विचार। वह तो बस एक बात ही जाने कि सिंहासन हथियाने के लिए जो चाहे करो...बिना झिझक के उल्टे-सीधे सब हथकंडे अपनाओ। सही-गलत की बात झटक दो, जैसे भी हो सिंहासन

पाओ! और अगर एक बार बैठ गए सिंहासन पर तो फिर जोड़-तोड़, साँठ-गाँठ कर उम्र भर हमेशा बैठे रहने की जुगत भिड़ाओ।

सुनन्तू

पर आपने तो कथा चतुर राजा के नाम से लिखी है।

स्वामी

सो तो लिखी है, क्योंकि जो भी है जैसा भी है, राजा है तो चतुर।

सुनन्तू

(आश्चर्य और हिकारत से) चतुर?

स्वामी

इतना भी नहीं जानते कि चतुराई होती दो तरह की!

एक जो आदमी को स्वार्थी बनाए दूसरे को निचोड़-निचोड़ कर, अपना घर भरना सिखाए। अपनी चतुराई से ही घर भरने के वह नित नए तरीके निकाले। जब कोई करे उसका विरोध तो यही चतुराई उसे क्रूर बनाए...बर्बर बनाए।

सुनन्तू

और दूसरी चतुराई?

स्वामी

दूसरी चतुराई जो आदमी को परमार्थी बनाए।

दूसरे की जरूरतों के लिए जो अपने को लुटाए। बिना सोचे दीन-दुखियों पर जो अपनी सारी दया-ममता लुटाए। अब ये दो चतुर अपनी-अपनी चतुराई के लिए...अलग-अलग तरह के परिणाम भी पाएँ। पर आप में तो अन्त तक बैठने का...परिणाम देखने का धैर्य ही नहीं। या तो कथा देखो ही मत और देखो तो अन्त तक बैठो। बीच में नहीं छोड़ी जाती कभी कथा?

(सुनन्तू लोग बैठ जाते हैं। यहाँ फिर अन्धकार हो जाता है और महल में प्रकाश। वहाँ राजा, दोनों कुँवर और बड़ा कोतवाल बैठे हैं।)

सन्तरी

(दौड़ा-दौड़ा, घबराया सा आता है) महाराज, बाहर तो देखिए क्या हुआ?

कोतवाल

पहले खून-खराबा फिर मैदान साफ।

सन्तरी

नहीं हुजूर...जो कम घायल थे, वे तो मरहम-पट्टी करवा कर फिर आ गए और जो गए उनसे चार गुना ज़्यादा लोग पता नहीं, कहाँ-कहाँ से आ गए। अब तो पहले से भी ज्यादा भीड़ बढ़ गई।

कोतवाल

क्या बकवास कर रहा है?

(नगर-मंत्री का प्रवेश)

नगर-मंत्री

बकवास नहीं, ठीक कह रहा है।

जनता मिलने ही तो आई थी
पर अपने ही अहंकार में डूबे,
कर दिया आपने इन्कार।
और लाठियों की करवा दी ऐसी धुआँधार बौछार!
आपको तो है बस अब सौ बार धिक्कार!
इस जनता से मिलकर,
नहीं रह गया अब मुझे भी महलों से कोई प्यार,
बल्कि लगता है कि हम ही हैं इनके असली गुनहगार!

सो मैं तो अब चला इन्हीं के साथ! जाते-जाते इतना और बता दूँ कि सिर पर पट्टियाँ बाँधे खोजी लाल भीड़ की अगुवाई कर रहा है और उसके साथ-साथ चल रहे लोग उसकी बाँटी पर्चियाँ गा-गा कर पढ़ रहे हैं। आप भी पढ़ लीजिए। *(कोतवाल की ओर पर्ची उछाल कर निकल जाता है।)*

राजा

पढ़ो, क्या लिखा है?

कोतवाल

(पढ़ना शुरू करना है)

न करेगा अब कोई फरियाद,
न फैलाएगा राजा के आगे हाथ!
जो अधिकार हमारे हैं, उन्हें तो हम लेके रहेंगे!
न दिखाओ कोई अपना दुख,
न दिखाओ कोई गम,

दिखला दो राजा को कि
राज की असली ताकत तो हैं हम।
मार-मार राजा ने, केवल खून नहीं बहाया है
इसने तो आज हमारे गुस्से को भड़काया है।
है हिम्मत किसमें जो रोक सके
आगे बढ़ते इन दीवानों को।
है हिम्मत किसमें जो बचा सके
अब इस अन्यायी के प्राणों को?

राजा

(बेहद घबराई आवाज में) कोतवाल कुछ करो...कुछ करो। बचाओ हमें हमारे सिंहासन को।

कोतवाल

सिंहासन छोड़िए महाराज...अभी तो अपनी जान की चिन्ता करिए।

राजा

क्या करें? तुम्हें कोतवाल किसलिए बनाया था...खदेड़ नहीं सकते इस भीड़ को?

कोतवाल

महाराज, इस समय तो आप चुपचाप अपने परिवार के साथ नगर के किसी गुप्त, सुरक्षित कोने में छिप जाइए। मैं इन आने वालों से निपटता हूँ।

राजा

पर हम अकेले नहीं जा सकते।

कोतवाल

सन्तरी और रक्षक को साथ ले जाइए। *(आवाज देता है)* सन्तरी...रक्षक *(दो सन्तरी, दो रक्षक आते हैं)*

सन्तरी व रक्षक

नहीं महाराज, हम आपके साथ नहीं, बाहर वाली भीड़ के साथ जाएँगे।

बहुत देखे हमने भी आपके अन्याय...आपके अत्याचार पर चुप रहे क्योंकि अकेले थे, थे असहाय। पर अब नहीं *(बाहर की तरफ भागते हुए)* अब तो जाते हैं हम भी उनके साथ।

कोतवाल

(राजा दोनों कुँवरों को ठेलते हुए) अब तो आप अकेले ही भाग जाइए और अपनी जान बचाइए। सुन रहे हैं–वे लोग बहुत पास आ गए हैं। *(राजा और कुँवर बाहर निकल जाते हैं।)* मरने के लिए मुझे भी यहाँ तो रहना नहीं। मुझे कौन छोड़ देंगे ये लोग। चलूँ, मैं भी ढूँढ़ूँ अपना कोई ठौर-ठिकाना। *(निकल जाता है)*

(अन्धकार! केवल भीड़ के गाने की आवाजें आती रहती हैं।)

(सूत्रधार का प्रवेश)

अन्त देखकर कथा–सुनन्तू भीड़ जरूर प्रसन्न हुई होगी। आप भी हुए ही होंगे और मैं? मुझे याद आ रही हैं दिनकर जी की प्रसिद्ध कविता की ये पंक्तियाँ–

सदियों की ठंडी–बुझी राख सुगबुगा उठी
मिट्टी सोने का ताज पहन इठलाती है।
दो राह, समय के रथ का घर्घर नाद सुनो
सिंहासन खाली करो कि जनता आती है।

(अन्तिम पंक्ति को दो–तीन बार दुहराए)
(फिर अन्त में)

इस जनता को मेरा भी सलाम।
(सलाम करके निकल जाता है)

□□□